GUIA VISUAL DE BOLSO – FOLHA DE S.PAULO

MELBOURNE

GUIA E MAPA: A CIDADE NA PALMA DA MÃO

DK

PUBLIFOLHA

UM LIVRO DORLING KINDERSLEY

www.dk.com

Concepção do projeto: Redback Publishing

PUBLIFOLHA

Divisão de Publicações do Grupo Folha

Al. Barão de Limeira, 401, 6º andar, CEP 01202-900, São Paulo, SP

Tel.: (11) 3224-2186/2187/2197

www.publifolha.com.br

COORDENAÇÃO DO PROJETO

PUBLIFOLHA

EDITORA-ASSISTENTE: Paula Marconi de Lima

COORDENAÇÃO DE PRODUÇÃO GRÁFICA: Soraia Pauli Scarpa

PRODUÇÃO GRÁFICA: Mariana Metidieri

PRODUÇÃO EDITORIAL

PÁGINA VIVA

TRADUÇÃO: Thaïs Costa

EDIÇÃO: Rosi Ribeiro

REVISÃO: Sylvia Corrêa e Pedro Ribeiro

DORLING KINDERSLEY

DIREÇÃO DE ARTE: Asha Madhavan

EDIÇÃO: Gauri Kelkar

DIAGRAMAÇÃO: Dinesh Kashyap

CARTOGRAFIA: J. P. Map Graphics

GERÊNCIA DE PROJETO: Deepali Salvi e Jatin Mehta

EDITOR-CHEFE (DK AUSTRÁLIA): Rosie Adams

EDIÇÃO (DK AUSTRÁLIA): Carlie Jennings e Sonya Mithen

PESQUISA ICONOGRÁFICA (DK AUSTRÁLIA): Carlie Jennings

Impresso na Leo Paper Products Ltd, Hong Kong, China.

A grafia deste livro segue as regras do **Novo Acordo Ortográfico da Língua Portuguesa**.

Foi feito o possível para garantir que as informações deste livro fossem as mais atualizadas disponíveis até o momento da impressão. No entanto, alguns dados como telefones, preços, horários de funcionamento e informações de viagem estão sujeitos a mudanças. Os editores não podem se responsabilizar por nenhuma consequência do uso deste guia, nem garantir a validade das informações contidas nos sites indicados. Os leitores interessados em fazer sugestões ou comunicar eventuais correções podem escrever para a Publifolha, Al. Barão de Limeira, 401, 6º andar, CEP 01202-900, São Paulo, SP, enviar um fax para: (11) 3224-2103 ou um e-mail para: atendimento@publifolha.com.br

A Flinders Street Station de Melbourne

SUMÁRIO

Escultura Ophelia *(1992), de Deborah Halpern, no Southgate Complex de Melbourne*

Área Central de Melbourne

Cercada por um cinturão verde de parques e jardins, Melbourne é organizada informalmente em zonas. A Collins Street forma o centro comercial e tem algumas das melhores lojas da cidade. A leste fica a zona parlamentar. A margem sul do rio sedia o Arts Centre e se caracteriza pela arte e pelo entretenimento.

Great Ocean Road
A poucas horas de Melbourne, revela-se o estupendo litoral de Victoria (pág. 56).

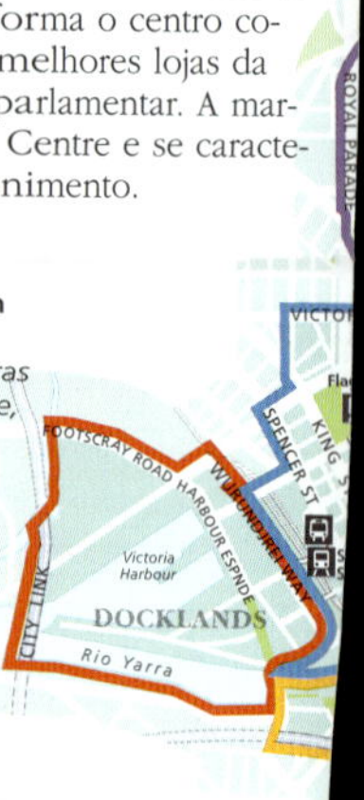

Federation Square
O centro cultural de Melbourne oferece galerias, cinemas e cafés (págs. 10-11).

Royal Exhibition Building
Do século 19, é o primeiro edifício a ser declarado Patrimônio da Humanidade (pág. 36).

Treasury Gardens
Estes jardins integram o cinturão verde de parques e jardins da cidade (pág. 32).

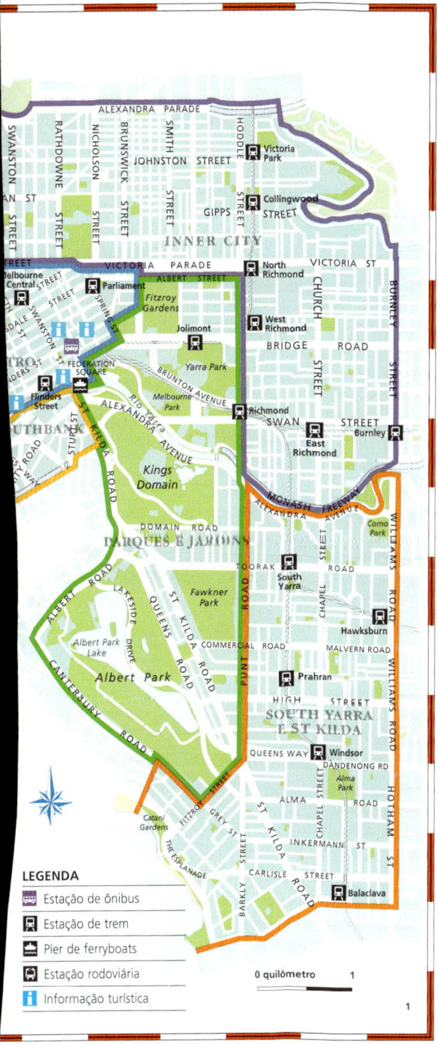

ALEXANDRA PARADE
SWANSTON STREET
RATHDOWNE STREET
NICHOLSON STREET
BRUNSWICK STREET
SMITH STREET
JOHNSTON STREET
HODDLE STREET
Victoria Park
Collingwood
GIPPS STREET
INNER CITY
VICTORIA PARADE
North Richmond
VICTORIA ST
CHURCH STREET
BURNLEY STREET
Parliament
ALBERT STREET
Fitzroy Gardens
SPRING ST
Jolimont
West Richmond
BRIDGE ROAD
Yarra Park
FEDERATION SQUARE
BRUNTON AVENUE
Flinders Street
Melbourne Park
Richmond
SWAN STREET
Burnley
East Richmond
Rio Yarra
ALEXANDRA AVENUE
ST KILDA ROAD
STURT ST
Kings Domain
MONASH FREEWAY
ALEXANDRA AVENUE
Como Park
DOMAIN ROAD
PARQUES E JARDINS
TOORAK ROAD
South Yarra
CHAPEL STREET
WILLIAMS ROAD
ALBERT ROAD
LAKESIDE DRIVE
QUEENS ROAD
ST KILDA ROAD
Fawkner Park
PUNT ROAD
Hawksburn
COMMERCIAL ROAD
MALVERN ROAD
Albert Park Lake
Albert Park
Prahran
CANTERBURY ROAD
HIGH STREET
SOUTH YARRA E ST KILDA
QUEENS WAY
Windsor
DANDENONG RD
Alma Park
FITZROY STREET
ALMA ROAD
HOTHAM ST
Catani Gardens
GREY ST
ST KILDA ROAD
INKERMANN ST
THE ESPLANADE
CARLISLE STREET
BARKLY STREET
Balaclava
LEGENDA
Estação de ônibus
Estação de trem
Píer de ferryboats
Estação rodoviária
Informação turística
0 quilômetro 1
1

Melbourne em Destaque

Melbourne pulsa dia e noite com sua diversidade de culturas, gastronomia tentadora, esportes, arquitetura e entretenimento. O turista curioso se encanta com a multiplicidade de opções. Veja a seguir algumas das atrações que a cidade oferece.

O formidável telhado em lâmina do Melbourne Museum

Museus e Galerias

Melbourne Museum
Museu ultramoderno com mais de seis andares de mostras sobre a sociedade e a cultura indígena do país, além de ciência e tecnologia *(pág. 36)*.

NGV International
Aberta em 1861, a maior galeria de arte pública do país abriga uma coleção notável de arte europeia e australiana *(pág. 26)*.

Immigration Museum
As mostras abordam a história de imigrantes que fizeram da Austrália seu lar *(pág. 16)*.

The Ian Potter Centre
Em um edifício inovador na Federation Square, a galeria guarda uma grande coleção de peças australianas, de antigas pinturas aborígenes a modernas instalações *(pág. 10)*.

ACCA
O Australian Centre for Contemporary Art oferece exposições e instalações de artistas contemporâneos *(pág. 27)*.

Arquitetura

Federation Square
Com mais de 3,8ha, este é o espaço público mais vibrante da cidade. O destaque arquitetônico da praça é o edifício Atrium, com facetas geométricas de vidro *(págs. 10-11)*.

Scots' Church
A Scots' Church foi concluída em 1874 e projetada com o intuito de ser "o edifício mais bonito da Austrália". Sua torre foi a estrutura mais alta da cidade de Melbourne até o fim do século 19 *(pág. 12)*.

O impressionante edifício da ACMI, na Federation Square

Block Arcade
Concluída em 1893, esta é a galeria mais luxuosa da cidade. Possui detalhes de época, como o piso de mosaico colorido e um domo central *(pág. 16)*.

Old Treasury Building
Este edifício é considerado um belíssimo exemplar do estilo renascentista tardio na Austrália *(pág. 12)*.

Rialto Towers
Com 58 andares, é um dos edifícios comerciais mais altos do hemisfério sul *(pág. 16)*.

Parques e Jardins

Royal Botanic Gardens e Kings Domain
Com 36ha, estes belos jardins são o centro da área verde de Melbourne e exibem espécies botânicas exóticas *(págs. 30-31)*.

Birrarung Marr
É primeiro parque da cidade construído nos últimos cem anos, caracteriza-se por terraços e caminhos de relva e cascalho *(pág. 32)*.

Trilhas sinuosas entre as árvores nos Fitzroy Gardens

Fitzroy Gardens
Datados dos anos 1850, estes jardins exibem alamedas de olmos, uma estufa e a famosa Fairies Tree *(pág. 32)*.

Carlton Gardens
Ladeados por árvores de todo o mundo, estes jardins abrigam a impressionante Hochgurtel Fountain *(pág. 36)*.

Royal Botanic Gardens: Cranbourne
Estes jardins têm flora nativa da Austrália e canteiros temáticos em torno de lagos, colinas e dunas *(pág. 56)*.

Compras

GPO
Este edifício tombado em estilo neorrenascentista foi a principal agência de correio da cidade e reabriu como um complexo de lojas em 2004 *(pág. 13)*.

Southbank Promenade
Ao longo do rio Yarra, o Southbank Promenade é um polo local de gastronomia e compras *(pág. 24)*.

Brunswick Street
Esta rua divertida e pitoresca tem atmosfera bem cosmopolita, livrarias extravagantes e butiques de moda contemporânea *(pág. 38)*.

Bridge Road
Esta rua em Richmond é conhecida pela moda criada localmente, lojas de design com pechinchas, grifes e brechós *(pág. 39)*.

Chapel Street
Esta rua é a mais badalada de Melbourne e tem preços à altura. Visite as numerosas lojas sofisticadas de grifes locais e internacionais espalhadas pelas calçadas *(pág. 42)*.

As lojas exóticas da Brunswick Street, em Fitzroy

AXA
QBE INSURANCE

CENTRO

Melbourne abriga boa parte da arquitetura vitoriana mais elaborada da Austrália. Há uma grande variedade gastronômica, muitos esportes de massa e eventos de arte. Enriquecendo o traçado formal da cidade, cafés, bares e lojas de design bem criativos animam as ruas.

PRINCIPAIS ATRAÇÕES

Edifícios e Marcos Históricos

Federation Square págs. 10-11 1
Old Treasury Building 4
Parliament House 5
Rialto Towers 18

Teatros e Museus

Regent Theatre 2
Princess Theatre 7
Old Melbourne Gaol 10
Immigration Museum 16
Aquarium 17

Ruas e Galerias

Chinatown 8
Swanston Street págs. 14-15 11
Royal Arcade 14
Block Arcade 15

Compras e Mercados

QV 9
GPO 13
Queen Victoria Market 19

Igrejas e Catedrais

Scots' Church 3
St Patrick's Cathedral 6
St Francis' Church 12

VER TAMBÉM

• *Sugestões pág. 17*

◄ *Vista das Rialto Towers, a partir do rio Yarra*

Federation Square ❶

Espaço público mais vibrante da cidade, a Federation Square foi inaugurada em outubro de 2002 para comemorar a Federação dos Estados australianos. Fervilhante, a praça sedia até 2 mil eventos por ano. Seu destaque arquitetônico é o desenho geométrico do edifício Atrium, um espaço público coberto com facetas de vidro.

A Federation Square *ocupa uma quadra de 3,8ha acima dos pátios de trens de Jolimont.*

O Ian Potter Centre, *parte da National Gallery of Victoria, abriga uma coleção notável de arte australiana cobrindo várias épocas.*

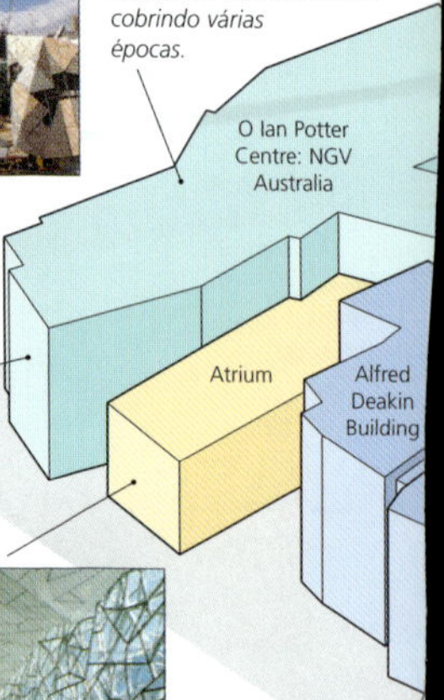

O National Design Centre *exibe designs da Austrália em todos os campos.*

O Australian Centr[e] for the Moving Image (ACMI) *é um dos mais avançados do gênero no mundo.*

O Atrium *é um edifício notável feito de vidro, aço e zinco.*

PREPARE-SE

Mapa E4.
Visitors' Centre: Tel 9658 9658.
ACMI: aberto diariam.
Design Centre: aberto diariam.
Champions: aberto diariam. Entrada paga.
Ian Potter Centre: aberto ter-dom.

O BMW Edge *é um estupendo anfiteatro transparente com 450 lugares.*

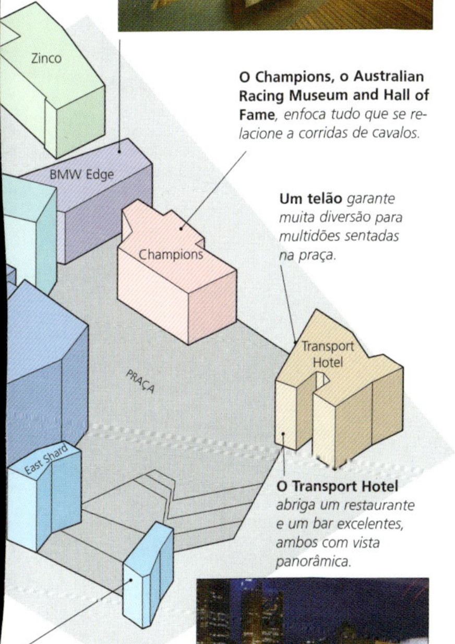

O Champions, o Australian Racing Museum and Hall of Fame, *enfoca tudo que se relacione a corridas de cavalos.*

Um telão *garante muita diversão para multidões sentadas na praça.*

O Transport Hotel *abriga um restaurante e um bar excelentes, ambos com vista panorâmica.*

O Melbourne Visitor Centre *fornece informações abrangentes e atendimento cordial aos turistas.*

A praça *sedia milhares de eventos por ano e comporta até 20 mil pessoas.*

O grandioso salão de entrada do Regent Theatre

Regent Theatre 2

Mapa E4. Collins St. Passeios agendados em horários sem apresentações (tel 9299 9500).

Desde que abriu, em 1929, o "Palace of Dreams" tem uma história e tanto. Quase destruído por um incêndio em 1945, ficou fechado por cerca de três décadas, sendo reaberto em 1996. Conserva seu ar grandioso.

Scots' Church 3

Mapa E4. Esq Collins St c/ Russell St. Aberta seg-sex. Missas qua e dom. Agenda passeios guiados.

Concluída em 1874, a Scots' Church era considerada nessa época como o edifício mais bonito da Austrália. Seu destaque é o surpreendente vitral que mostra *A Última Ceia*.

Old Treasury Building 4

Mapa E3. Spring St. Aberto diariam. Entrada paga.

Concluído em 1862, este edifício é um dos melhores exemplos da arquitetura renascentista tardia do país. Atualmente, o prédio abriga o City Museum, que enfoca a história da cidade.

Parliament House 5

Mapa E3. Spring St. Aberta seg-sex, fora das sessões do Parlamento. Grátis.

No cruzamento das ruas Spring e Bourke, e acima de degraus amplos, a Parliament House de Victoria é um ótimo exemplo de arquitetura cívica inglesa. Construída em estilo clássico, tem colunatas e arenito.

St Patrick's Cathedral 6

Mapa E3. Esq Gisborne St c/ Cathedral Plc. Aberta diariam.

Erguida entre 1858 e 1897, é um dos melhores exemplos de arquitetura gótica tardia e suas torres são impressionantes.

Assembly Hall, junto à Scots' Church

Princess Theatre 7

Mapa E3. Spring St.

Este antigo teatro, ricamente decorado, é a casa de grandes produções que atraem boa parte da população local. Há rumores de que o teatro também é visitado frequentemente por fantasmas.

Fachada do refinado Princess Theatre

Chinatown 8

Mapa D3, E3. Little Bourke St.

A vibrante Chinatown é datada da corrida do ouro, nos anos 1850. Sedia o Chinese Museum, que aborda a história dos chineses em Victoria, e abriga o maior dragão chinês decorativo do mundo.

Portal tradicional em Chinatown

QV 9

Mapa D3. Esq Swanston St c/ Lonsdale St. Aberto diariam.

Projetado por seis grandes arquitetos de Melbourne, o QV reúne diferentes edifícios. Suas vias abertas abrigam cafés ao ar livre, ótimos restaurantes e lojas chiques. Os mais ativos podem testar a pontaria no Strike Bowling Bar ou aprender virtualmente as regras do futebol australiano no AFL World.

Old Melbourne Gaol 10

Mapa D3. Russell St. Aberto 9h30-17h diariam. Passeios noturnos disponíveis. Entrada paga.

Hoje um museu, a Old Melbourne Gaol foi o primeiro complexo prisional do estado e, ao que consta, teve 135 execuções entre 1845 e 1929. Exibe a famosa máscara mortuária de Ned Kelly, além de outros itens.

Swanston Street 11

Ver págs. 14-15.

St Francis' Church 12

Mapa D3. Lonsdale St. Missas diariam. Agendas passeios guiados.

A igreja católica romana mais antiga e movimentada do país recebe quase 10 mil visitantes por semana.

GPO 13

Mapa D4. Esq Bourke St c/ Elizabeth St. Aberto diariam.

Concluído em 1907, este edifício neorrenascentista foi sede do correio até 1993 e reaberto como um elegante complexo de lojas em 2004.

Swanston Street ⓫

Geralmente considerada a principal rua da cidade, a Swanston Street é repleta de lojas, galerias, cafés, restaurantes e grafites, além de performances de artistas de rua. Exibe uma mistura eclética do estilo vitoriano de Melbourne e da arquitetura pública do século 20.

① **A Melbourne Town Hall** *foi erguida em 1867, com fundos obtidos na corrida do ouro. Aqui ficam o prefeito e o Conselho e também acontecem apresentações musicais, palestras e grandes eventos.*

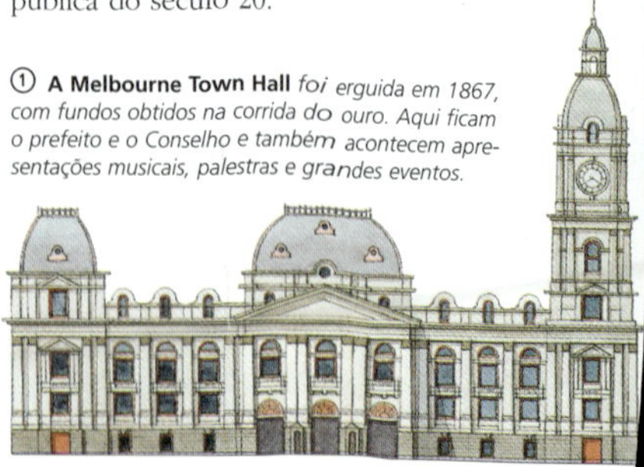

② **As City Baths** *ficam em um belo edifício eduardiano com cúpulas gêmeas. Restauradas, exibem a aparência original de 1903.*

③ **A Flinders Street Station** *é o terminal de trem mais movimentado e um marco na cidade*

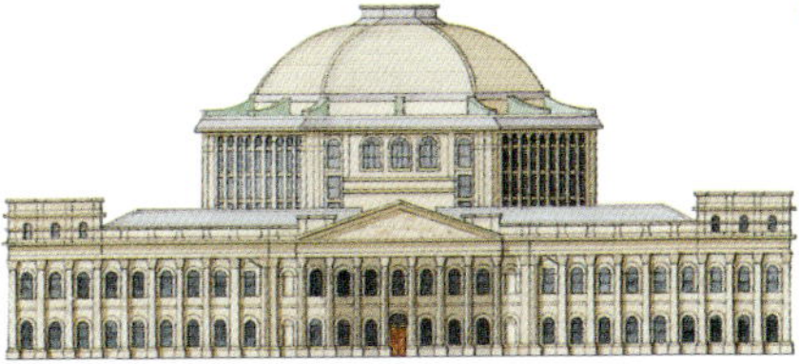

④ **A State Library**, *primeiro projeto do renomado arquiteto Joseph Reed em 1854, abriga uma sala de leitura octogonal e é coberta por um domo central que foi acrescentado em 1913.*

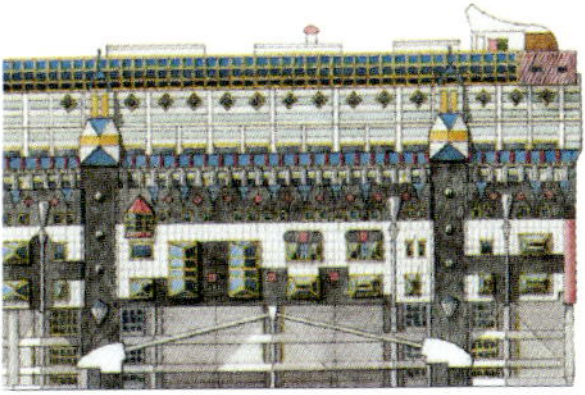

⑤ **O Building 8, RMIT** *(Royal Melbourne Institute of Technology), uma mistura de cores vivas dentro de linhas horizontais e verticais, serve de fachada para a universidade.*

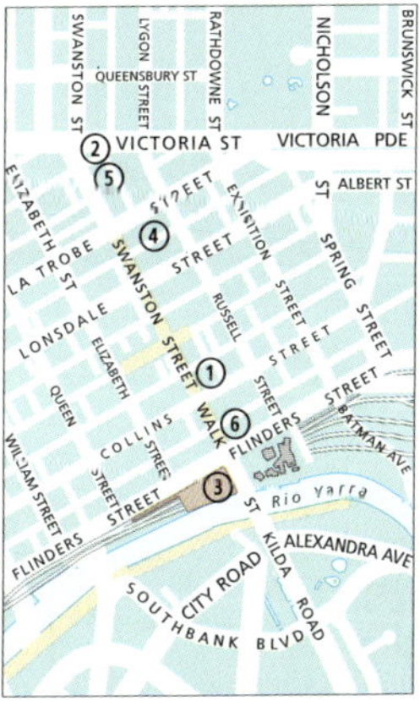

⑥ **A St Paul's Cathedral** *foi projetada pelo arquiteto William Butterfield no estilo gótico tardio dos anos 1880. No interior há um retábulo de mármore e alabastro vindo da Itália.*

Royal Arcade 14

Mapa D4. Bourke St Mall. Aberta diariam.

Entrada da Royal Arcade

Construída em 1869, é a galeria comercial mais antiga de Melbourne. Estátuas dos míticos Gog e Magog ladeiam o Gaunt's Clock criado por Thomas Gaunt, um dos primeiros ocupantes da galeria.

Block Arcade 15

Mapa D4. Collins St. Aberta diariam, horários variam. Agendar passeios guiados ter e qui.

Construída entre 1891 e 1893, com o característico piso de mosaico e um domo central, a galeria mais opulenta da cidade leva o nome da caminhada feita pela elite nos anos 1890, quando "doing the block" significava passear na Collins Street.

Immigration Museum 16

Mapa D4. Flinders St. Aberto diariam, exceto Sexta-Feira Santa e 25 dez. Entrada paga para adultos, grátis para crianças.

Os artefatos e suvenires em exposição contam a história dos mais de 9 milhões de imigrantes que se radicaram na Austrália desde 1788.

Frutas no Queen Victoria Market

Aquarium 17

Mapa D5. Esq Flinders St c/ King St. Aberto diariam. Entrada paga.

O Melbourne Aquarium exibe espécies exóticas dos oceanos do sul. Em um túnel de vidro subaquático, os visitantes podem observar tubarões e outras criaturas marinhas nadando.

Rialto Towers 18

Mapa C3. Collins St. Abertas diariam. Entrada paga.

Com 253m, as Rialto Towers possuem 58 andares e mais oito subterrâneos. Sua plataforma de observação oferece vista excelente de Melbourne.

As belas Rialto Towers

Queen Victoria Market 19

Mapa D4. Elizabeth, Therry, Peel e Victoria Sts. Aberto 6h-14h ter e qui; 6h-17h sex; 6h-15h sáb; 9h-16h dom. Agendar passeios guiados.

Este mercado atrai cerca de 130 mil pessoas por semana. Funciona nas noites de quarta-feira, de novembro a fevereiro.

SUGESTÕES

RESTAURANTES

ezard
Mapa E3. 187 Flinders Lane. Tel 9639 6811. **Caro.**
Restaurante com comida e serviço de ótima qualidade.

Flower Drum
Mapa E3. 17 Market Lane. Tel 9662 3655. **Caro.**
Melhor restaurante de Cantão na cidade.

Il Solito Posto
Mapa E3. Basement, 113 Collins St. Tel 9654 4466. **Moderado.**
Comida italiana sazonal e excelente carta de vinhos.

Pellegrini's
Mapa E3. 66 Bourke St. Tel 9662 1885. **Barato.**
Um marco local de cozinha italiana padrão.

Taxi
Mapa E4. Transport Hotel, Federation Square. Tel 9654 8808. **Caro.**
Cozinha de influência japonesa e interior de vidro e aço cromado.

Bluestone
Mapa D4. 349 Flinders Lane. Tel 9620 4060. **Caro.**
Gastronomia sofisticada com menu australiano moderno à base de produtos de Victoria.

PUBS E BARES

Bennetts Lane Jazz Club
Mapa E3. 25 Bennetts Lane. Tel 9663 2856.
Apresenta grandes jazzistas australianos e também internacionais.

Cookie
Mapa E3. Level 1, 252 Swanston St. Tel 9663 7660.
Popular para happy hour. Grande variedade de cervejas e vinhos locais e importados.

e-fifty-five
Mapa D4. 55 Elizabeth St. Tel 9620 3899.
Divertido bar em um porão, oferece acesso à internet.

Gin Palace
Mapa D4. 10 Russell Place. Tel 9654 0533.
Bar recuado da rua, há muitas poltronas confortáveis.

Madame Brussels
Mapa E3. 59 Bourke St. Tel 9662 2775.
Luxuosa casa com terraço e serviço excelente.

COMPRAS

déva – Gifts for the Senses
Mapa D4. 356 Little Collins St. Tel 9642 4277.
Pitoresca e acessível.

Makers Mark
Mapa D4, E4. 88 e 464 Collins St. Tel 9261 2488.
Fascinantes joias assinadas e peças de vidro inovadoras.

Melbourne Central
Mapa D3. Esq Latrobe St c/ Swanston St. Tel 9922 1100.
Mais de 300 lojas em um espaço arquitetônico moderno.

David Jones
Mapa D4. 310 Bourke St. Tel 9643 2222.
A loja de departamentos mais antiga da Austrália.

DOCKLANDS

O que foi um dia a antiga área de docas da cidade, hoje é seu parque de diversões à beira-mar. A Docklands se estende da orla oeste da cidade até o mar e exibe exemplos arrojados de arquitetura urbana, além de muitos locais para compras e entretenimento. É ideal para escapar da agitação da cidade, passear no calçadão junto ao cais, fazer um piquenique no parque ou escolher um dos vários restaurantes voltados para as águas.

PRINCIPAIS ATRAÇÕES

Museus e Exposições
The Fox Classic Car Collection ❷
History Walk ❺

Parques e Marcos
Webb Bridge ❸
Docklands Park ❹
Blue Park ❻

Arena Esportiva
Telstra Dome ❶

VER TAMBÉM

• *Sugestões pág. 21*

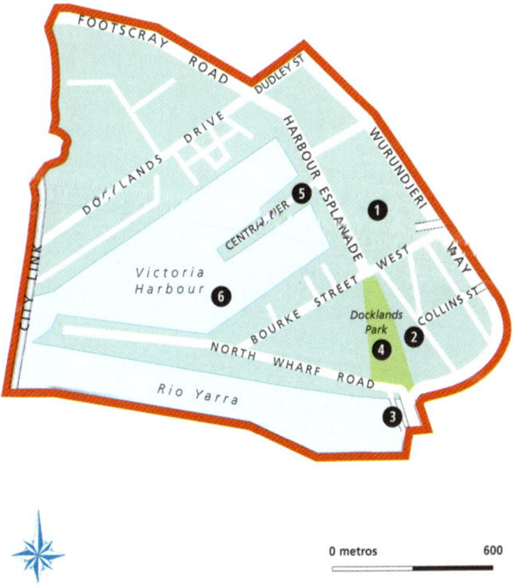

◀ *Torres residenciais voltadas para as marinas do rio Yarra*

O Telstra Dome é voltado para a Harbour Esplanade

Telstra Dome ❶

Mapa B4. Bourke St. Passeios seg-sex. Entrada paga.

O Telstra Dome, ou Docklands Stadium, foi construído em 2000 a um custo de cerca de $250 milhões. Muito usado para eventos esportivos e shows, comporta cerca de 55 mil pessoas.

The Fox Classic Car Collection ❷

Mapa B5. Collins St. Tel 9620 4085. Aberta fev-nov: 10h-14h. Agendar passeios guiados (tel 9620 4086). Entrada paga.

Instalada no Queen's Warehouse, de 115 anos, a Fox Classic Car Collection atrai aficionados de carros. Há cem carros de todos os tipos em exposição o tempo todo. Eles variam de modelos clássicos, como Mercedes Benz, Bentley e Rolls Royce, a carros esportivos, como Ferrari e Porsche.

Webb Bridge ❸

Mapa B5. North Wharf Rd.

Destinada a ciclistas e pedestres, a Webb Bridge é considerada um dos traços mais marcantes de Melbourne. Sua visão é impressionante, em especial quando se ilumina à noite.

A escultural Webb Bridge

Docklands Park ❹

Mapa B5. Bourke St.

Entre as torres residenciais e os calçadões de Docklands, este parque exibe árvores nativas e um pântano que atrai aves. É o lugar perfeito para piqueniques e churrascos durante o verão.

Uma das muitas esculturas ao ar livre em Docklands

History Walk ❺

Mapa B4. Central Pier, Harbour Esplanade. Grátis.

Para quem se interessa pelo passado marítimo da cidade, a caminhada histórica é ideal. Nas paredes dos barracões 9 e 14, no Central Pier, *storyboards* explicam o legado mercantil e industrial da área.

Blue Park ❻

Mapa B4.

O Blue Park abrange três marinas e 40ha de área recreativa na orla de Docklands, onde há cruzeiros e barcos de passeio disponíveis.

SUGESTÕES

RESTAURANTES

Bhoj Docklands
Mapa B4. 54 New Quay Promenade. Tel 9600 0184.
Moderado.
Deliciosa cozinha indiana.

Renzo's Bar
Mapa B4. 46 New Quay Promenade. Tel 9640 0550.
Moderado.
Autênticos pratos italianos.

Mecca Bah
Mapa B4. 55A New Quay Promenade. Tel 9642 1300.
Moderado.
Comida do Oriente Médio.

Iku Izakaya
Mapa B5. 64A River Esplanade. Tel 9646 2400.
Moderado.
Japonês tradicional com cozinha à mostra.

PUBS E BARES

James Squire Brewhouse & Restaurant
Mapa A4. 439 Docklands Drv. Tel 9600 0700.
Boa cerveja e bar notável.

Beachclub
Mapa A4. Level 1, shop 120-122, 427 Docklands Drv. Tel 9329 2360.
Bar e lounge chique.

COMPRAS

Wine & Cheese Providore
Mapa A4. G05-06, 439 Docklands Drv. Tel 9602 1640.
Para quem aprecia bons vinhos e queijos artesanais.

Compoundia
Mapa B4. 16 St Mangos Lane, New Quay. Tel 9670 2882.
Prepara e vende medicamentos alternativos.

Melbourne Convention Exhibition Centre 5

Mapa C5. Clarendon St. Horários de abertura variam.

O Melbourne Exhibition Centre ganhou vários prêmios por seu design singular. Às margens do rio Yarra, o centro abriga exposições nacionais e internacionais, e tem a maior área de exibição sem pilares do hemisfério sul. Com 30 mil m² de espaço ininterrupto à disposição, engloba também um centro de convenções, um salão de baile e uma grande sala destinada a conferências.

Melbourne Exhibition Centre

Melbourne Maritime Museum 6

Mapa C5. South Wharf Rd. De fora dá para ver o *Polly Woodside.*

Um ótimo lugar para toda a família conhecer o rico e fascinante legado marítimo de Melbourne, o Maritime Museum é repleto de mostras, maquetes e informações. O grande destaque é o *Polly Woodside*, um brigue (navio de dois mastros) de ferro do fim do século 19 que foi restaurado. O museu passou por uma reforma na margem sul da parte mais baixa do rio Yarra.

O Polly Woodside no Melbourne Maritime Museum

Eureka Tower 7

Mapa D5. Riverside Quay. Mirante aberto diariam. Entrada paga.

É o segundo edifício residencial mais alto do mundo e o segundo arranha-céu mais alto do hemisfério sul. Janelas douradas nos oito andares superiores coroam este triunfo arquitetônico. Erguido a um custo aproximado de 500 milhões de dólares australianos, inclui um deque aberto com mirante e um espaço para eventos públicos, ambos com vista panorâmica da cidade.

St Kilda Road 8

Mapa E4, E5.

Elegante bulevar arborizado que vai do sul até a cidade, formando o centro da zona cultural. Abriga muitos marcos de Melbourne, como o Arts Centre *(pág. 26)*, a NGV International *(pág. 26)*, o Victoria Barracks, o Shrine of Remembrance *(pág. 30)* e os gloriosos Royal Botanic Gardens *(págs. 30-31)*.

O belo interior do Hamer Hall

The Arts Centre 9

Mapa E4. St Kilda Rd. Tel 9281 8000. Passeios em grupo: 12h e 14h30 seg-sáb. Entrada paga. Desconto para reserva prévia. www.theartscentre.net.au

Principal local de artes cênicas da cidade, o Arts Centre abriga o State Theatre e o Hamer Hall, onde acontecem concertos e óperas. Seu nome homenageia Sir Rupert Hamer, por sua contribuição para as artes em Victoria. Pintado nas cores de pedras preciosas da Austrália, o Hamer Hall é o mais impressionante do Arts Centre e também o maior, comportando mais de 2.500 pessoas em três andares. O State Theatre possui vários espaços menores para ópera, teatro e balé. É coroado pela torre de 150m do Arts Centre, que ilumina o céu à noite com um jogo de planos de luz em sequência.

NGV International 10

Mapa E5. St Kilda Rd. Tel 8620 2222. Aberta 10h-17h qua-seg. Fechada ter, exceto em feriados. Entrada paga em algumas exposições. www.ngv.vic.gov.au

Primeira galeria de arte pública da Austrália, a National Gallery of Victoria foi inaugurada em 1861. Seu acervo notável de arte europeia inclui uma ampla coleção de obras de Albrecht Dürer, William Blake e o *Study of the Human Body*, de Francis Bacon, de 1949. Observe

A fachada austera da NGV International

o teto com vitral do Great Hall – uma brilhante janela horizontal.

Malthouse Theatre ⓫

Mapa E5. 113 Sturt St.

Como o nome sugere, o Malthouse Theatre foi construído em 1892 como uma cervejaria. Em 1986, esta foi doada à companhia Playbox Theatre pelas cervejarias Carlton e United, após um incêndio destruir o teatro original do grupo na Exhibition Street. Além de três teatros, abriga estúdios de ensaios, um bar e um café. Atualmente é residência da companhia Malthouse Theatre. O teatro tem sido um veículo importante para promover a criativa cena teatral da Austrália.

ACCA ⓬

Mapa E5. Sturt St. Aberto ter-dom.

O Australian Centre for Contemporary Art é um edifício surpreendente projetado por arquitetos de Melbourne, com formas angulosas feitas de aço. Exibe exposições de artistas australianos emergentes e de nomes como Montean, Rosenblum e Wolfgang Laib.

O Australian Centre for Contemporary Art

SUGESTÕES

RESTAURANTES

Rockpool Bar and Grill
Mapa D5. Crown Entertainment Complex. Tel 8648 1900. **Caro.**
Elegante steakhouse e bar que usa produtos refinados.

Walter's Wine Bar
Mapa E4. Upper Level, Southgate. Tel 9690 9211. **Caro.**
Serve a deliciosa cozinha australiana moderna.

PUBS E BARES

BLVD Bar
Mapa E5. 6 Queensbridge Square. Tel 9686 6610.
Voltado para o rio Yarra, é ótimo para relaxar e se divertir.

PJ O'Briens
Mapa E4. Ground floor, Southgate. Tel 9686 5011.
Pub irlandês com comida e entretenimento gratuito.

COMPRAS

American Rag
Mapa E4. Shop M 24, Southgate. Tel 9699 2978.
Tipo de brechó que vende roupas americanas.

Ecowear
Mapa E4. Shop M18, Southgate. Tel 9690 5343.
Roupas de apelo ecológico.

Mad Fish Design
Mapa E4. Shop U7, Southgate. Tel 9645 8883.
Desenha joias exclusivas.

EDWARD VII

PARQUES E JARDINS

Lindos jardins formam um cinturão verde ao redor da cidade combinando a formalidade vitoriana com plantas nativas da Austrália. Fuja da agitação urbana e aprecie as aves, um jardim para crianças ou os belos Botanic Gardens.

PRINCIPAIS ATRAÇÕES

Parques e Jardins
Royal Botanic Gardens e Kings Domain págs. 30-31 1
Birrarung Marr 2
Treasury Gardens 4
Fitzroy Gardens 5
Fawkner Park 7
Albert Park 8

Diversão
ArtPlay 3

Sítio Histórico Importante
Cooks' Cottage 6

VER TAMBÉM

- *Sugestões pág. 33*

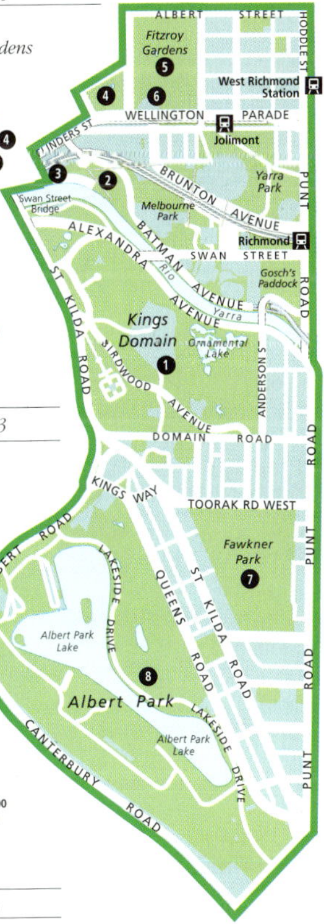

0 metros 800

LEGENDA

Estação ferroviária

◀ *O King Edward VII Memorial, nos Queen Victoria Gardens*

Royal Botanic Gardens e Kings Domain ❶

Estes jardins, vizinhos, formam o pulmão verde de Melbourne no que era originalmente um pântano na divisa da cidade. Os Botanic Gardens abrigam uma mescla exótica de flora, enquanto o Kings Domain exibe árvores maduras em meio a amplos gramados e sedia o Shrine of Remembrance.

O Pioneer Women's Garden *foi construído em 1934, em memória das fundadoras de Victoria.*

O Observatory Café, *ao lado do Visitors' Centre, é ideal para se reabastecer.*

O Shrine of Remembrance, *baseado em uma descrição do Mausoléu de Halicarnasso na Ásia Menor, honra soldados mortos na guerra.*

PREPARE-SE

Mapa F6. Birdwood Ave. Tel 03 9252 2300. Abre 7h30 diariam. Horário de fechamento varia sazonalmente. Acesso p/ def. **www.rbg.vic.gov.au**

A Government House *é um marco dos jardins elaborados em estilo italiano. Há visitas públicas (seg e qua com hora marcada).*

O Algerian Oak, *um magnífico carvalho maduro no meio do Oak Lawn, fica todo florido em setembro.*

O Ornamental Lake *reflete a influência dos jardins ingleses do século 18, presente em todos os jardins.*

Gypsy
BAR
SEAFOOD

INNER CITY AREAS

Localizadas nos arredores da orla do Central Business District, as Inner City Areas de Melbourne são um mundo alternativo de compras, atrações e experiências culturais. Há pubs badalados, jardins magníficos e passeios para fazer compras em armazéns.

PRINCIPAIS ATRAÇÕES

Edifícios Históricos, Memoriais e Museus

- Royal Exhibition Building ❶
- Melbourne Museum ❷
- Bali Memorial ❻
- University of Melbourne ❼

Jardins e Praças

- Carlton Gardens ❸
- Argyle Square ❺

Ruas

- Lygon Street ❹
- Brunswick Street ❽
- Gertrude Street ❾
- Smith Street ❿
- Johnston Street ⓫
- Bridge Road ⓬
- Victoria Street ⓭

VER TAMBÉM

- *Sugestões pág. 39*

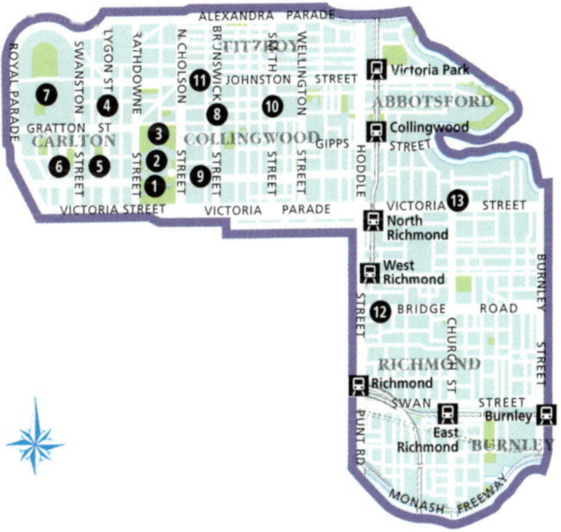

LEGENDA

Estação ferroviária

0 quilômetro 1

◄ *Há lojas divertidas na vibrante Brunswick Street de Fitzroy*

A fachada elegante do Royal Exhibition

Royal Exhibition Building ❶

Mapa E2. Nicholson St. Agende passeios guiados. Entrada paga.

Ao lado do Melbourne Museum fica o Royal Exhibition Building, que foi construído para a exposição internacional de 1880 e é uma das poucas estruturas do gênero remanescentes do século 19. Seu cenário magnífico abriga exposições, feiras comerciais e eventos anuais, como o Melbourne International Flower and Garden Show.

Melbourne Museum ❷

Mapa E2. Nicholson St. Aberto 10h-17h diariam, exceto Sexta-Feira Santa e 25 dez. Entrada paga.

Este museu ultramoderno abriga mostras em seis andares, metade dos quais é subterrânea. Os temas abordados incluem ciência natural, tecnologia, meio ambiente, sociedade australiana e culturas indígenas. Um destaque é a Forest Gallery – uma exposição maravilhosa com 8 mil plantas de 120 espécies diferentes.

O surpreendente telhado com lâmina do Melbourne Museum

Carlton Gardens ❸

Mapa E2. Esq Victoria Parade c/ Nicholson St.

Projetados em 1857, os gramados destes jardins luxuriantes são ladeados por árvores do mundo inteiro. O caminho na entrada principal vai da Victoria Street até a impressionante Hochgurtel Fountain, decorada na parte superior com aves e flores em pedra de Victoria.

Lygon Street ❹

Mapa D1, D2.

Esta rua de influência italiana em Carlton é uma das principais áreas de cafés e restaurantes no centro de Melbourne. Ótimo ponto de entretenimento, fica lotada quando há comemorações por vitórias do futebol italiano e do Grand Prix.

Animado restaurante italiano na Lygon Street

Argyle Square 5

Mapa D2. Lygon St. Carlton.

Na Argyle Square, a Piazza Italia é um tributo à influência italiana em Melbourne e seu próspero intercâmbio com a cidade de Milão, na Itália. Este espaço singular tem um relógio solar interativo de bronze, no qual as pessoas projetam sua sombra para saber as horas. O relógio é cercado por pórfiros trabalhados por artífices locais e italianos.

Bali Memorial 6

Mapa D2. Lincoln Square. Carlton.

Na Lincoln Square, Carlton, este memorial com uma fonte é dedicado às vítimas do ataque terrorista em Bali em 2002. Os bombardeios tiveram um saldo de 202 mortos, incluindo muitos australianos. Inaugurado em outubro de 2005, o memorial possui 202 luzes de fibra óptica, o mesmo número das vítimas.

University of Melbourne 7

Mapa C1, D1. Swanston St. Aberta diariam.

Datada de 1853, a Universidade de Melbourne foi inaugurada menos de 20 anos após a chegada dos fundadores da cidade. Seus vários edifícios públicos incluem o Ian Potter Museum of Art. Uma das melhores instituições de arte do país, é conhecida por dar grande ênfase ao compartilhamento de seus bens culturais e intelectuais com o público. Uma das residências universitárias do Newman College foi assinada pelo arquiteto americano Walter Burley Griffin, que projetou a capital nacional, Camberra. Os edifícios no vasto campus Carlton variam do estilo Tudor ao projeto moderno da Law School.

Painel esculpido no Ian Potter Museum da Universidade

Brunswick Street 8

Mapa E1, E2.

A divertida Brunswick Street é famosa por seu clima alternativo e agitação cosmopolita. Uma mistura de cafés, restaurantes, lugares animados e o que é tendência na moda, é frequentada pelo pessoal das artes. Torna-se ainda mais animada à noite, quando as pessoas vão em massa a lugares com bandas ao vivo e a casas noturnas com DJs.

Além da boemia, há sempre algo para fazer a qualquer hora, seja deliciar-se nas sorveterias finas, entrar nas livrarias excêntricas ou vasculhar as novidades nas lojas badaladas. Aqui se encontra o que há de melhor em doces, plantas, perfumes e livros. Não faltam lugares para sentar e relaxar, tomar um drinque e mergulhar no ritmo próprio do estilo de vida de Melbourne.

Portões da escultora Deborah Halpern, na Brunswick Street

Moradores conversam em um café na Bridge Road

Gertrude Street 9

Mapa E2, F2.

Esta rua exala energia e atividade constantes. É ladeada por diversos cafés, bares e galerias. Aqui também há algumas lojas estranhas e maravilhosas, como a Industria, que vende itens insólitos de colecionador, como uma cadeira de dentista.

Smith Street 10

Mapa F1, F2.

A Smith Street atrai quem busca o inusitado. Uma olhada por trás das fachadas decadentes revela lojas e cafés criativos. A rua é conhecida pelas compras em armazéns, que oferecem muitas marcas com descontos. Há vários restaurantes e alguns pubs ótimos.

Johnston Street 11

Mapa E1.

A influência da cultura espanhola nesta rua é visível. Com numerosos bares de *tapas* e flamenco e um autêntico supermercado espanhol, a Johnston Street é reconhecidamente o centro ibérico da cidade.

Bridge Road ⓬

Mapa H4.

A Bridge Road, Richmond, reúne comidas deliciosas e moda descolada. Repleta de trabalhos de estilistas locais, outlets com pechinchas e brechós, além de restaurantes e cafés chiques, representa perfeitamente a cultura cosmopolita de Melbourne.

Victoria Street ⓭

Mapa G3, H3.

Em Richmond, zona vietnamita da cidade, a Victoria Street é cheia de vida. Paraíso de apreciadores da boa comida, tem muitos restaurantes exalando aromas deliciosos, todos com comida de ótima qualidade, preços razoáveis e atendimento ágil.

SUGESTÕES

RESTAURANTES

Dante's
Mapa F2. 150-156 Gertrude St. Tel 9417 2468.
Moderado.
Cosmopolita, tem um bar de vinho e exposições de arte.

Mario's Café
Mapa E1. 303 Brunswick St. Tel 9417 3343.
Moderado.
Ícone da rua, tem ótimas massas e café.

Richmond Hill Café and Larder
Mapa G4. 48-50 Bridge Rd. Tel 9421 2808.
Moderado.
Menus deliciosos e queijos divinos.

Tho Tho Bar & Restaurant
Mapa G3. 60-66 Victoria St. Tel 9428 2036.
Barato.
Boa comida vietnamita.

PUBS E BARES

Bar Open
Mapa E1. 317 Brunswick St. Tel 9415 9601.
Atrai um pessoal criativo e descontraído.

Bimbo Deluxe
Mapa E1. 376 Brunswick St. Tel 9419 8600.
Café e bar com um menu de pizzas deliciosas e muito baratas.

The Black Cat
Mapa E2. 252 Brunswick St. Tel 9419 6230.
Bar descontraído com equipe moderna e ótima música.

The Rob Roy Hotel
Mapa E2. 51 Brunswick St. Tel 9419 7180.
Pub honesto com ótimas bandas ao vivo várias noites por semana.

The Spanish Club
Mapa E1. 59-61 Johnston St. Tel 9417 4059.
Excelente atmosfera e tapas deliciosos.

COMPRAS

Claudia
Mapa G4. 125 Bridge Rd. Tel 9428 4802.
Moda e calçados.

Readings
Mapa D1. 309 Lygon St. Tel 9347 6633.
Livros, música e muito mais.

Luna Park

SOUTH YARRA E ST KILDA

Dotada de muito estilo e sofisticação, a zona de South Yarra reúne as butiques, restaurantes e casas noturnas mais badalados. St Kilda fica mais ao sul e há muito tempo é o parque de diversões litorâneo mais popular de Melbourne.

PRINCIPAIS ATRAÇÕES

Edifícios Históricos
Como House 1
Palais Theatre 9

Mercados e Compras
Jam Factory Cinema Complex 4
Prahran Market 5
Esplanade Arts and Crafts Market 12

Diversão
Luna Park 11

Ruas e Passeios
Toorak Road 2
Chapel Street 3
Greville Street 6
Acland Street 7
Fitzroy Street 8

St Kilda Beach 10
St Kilda Pier 13

VER TAMBÉM

• *Sugestões pág. 45*

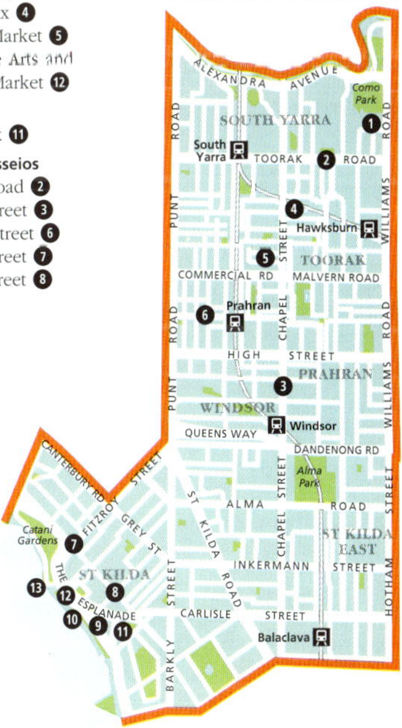

LEGENDA

Estação ferroviária

0 metros 800

◀ *Os portões icônicos do Luna Park, em St Kilda*

Como House ❶

Mapa J6. Esq Williams Rd c/ Lech-lade Ave. Aberta 10h-17h diariam. Entrada paga.

Nos pitorescos remanescentes de jardins amplos, esta encantadora casa do fim do século 19 é voltada para o Como Park e o rio Yarra. Preserva traços da construção original, a exemplo do terraço com fonte e do gramado para partidas de *croquet*.

Toorak Road ❷

Mapa H7, J7.

No cruzamento com a Chapel Street, a Toorak Road abriga uma "aldeia" patrocinada pela comunidade mais afluente de Melbourne. A rua exibe um trecho de compras sofisticadas e clássicas, com ênfase no que há de mais moderno, muitas opções de restaurantes com cozinhas exóticas e o Como Centre, que inclui um hotel cinco estrelas, um cinema e várias lojas.

Chapel Street ❸

Mapa H6, H7.

A Chapel Street, tida como a mais badalada da cidade, oferece preços à altura. É ladeada por butiques e lojas sofisticadas que expõem criações de estilistas locais e internacionais. Muitos restaurantes e cafés chiques oferecem opções excelentes e a chance de ver alguma celebridade. À noite há muitos bares e casas noturnas que satisfazem todos os gostos.

A entrada da vibrante Jam Factory, na Chapel Street

Jam Factory Cinema Complex ❹

Mapa H7. Chapel St. Aberto diariam.

Esta antiga fábrica de geleia ganhou uma repaginação em estilo hollywoodiano. Embora ainda tenha alguns vestígios de sua existência no século 19 como a IXL Jam Factory, o edifício ganhou cores vivas e esculturas cinematográficas, tornando-se um polo de entretenimento. Conta com um complexo de cinemas e restaurantes.

Café na Chapel Street, em South Yarra

Prahran Market ❺

Mapa H8. Commercial Rd. Aberto ter, qui-dom.

Este é um dos melhores mercados de alimentos frescos de Melbourne. É um ótimo lugar para provar, comer e comprar uma profusão de alimentos, de frutas e legumes a carne, aves, produtos orgânicos, iguarias e especiarias. Aos domingos há pintura facial grátis para crianças e jazz ao vivo na Market Square a partir do meio-dia.

Mesas ao ar livre em um trecho agitado de South Yarra

Greville Street ❻

Mapa G8, H8.

Esta rua cosmopolita é um paraíso de consumo com muitas opções de ofertas. De moda eclética, contemporânea ou retrô e joias criativas a livros e discos interessantes, há sempre algo original do agrado de cada um.

Acland Street ❼

Mapa F10.

Uma das vias principais de St Kilda, esta rua é conhecida pelas delicatessens europeias e confeitarias deliciosas. A Acland Street fica lotada de gente aos domingos. A agitação permanente e os cafés vibrantes a tornam uma das favoritas dos visitantes e dos moradores locais.

Fitzroy Street ❽

Mapa F10.

Outro polo para turistas, a Fitzroy Street é repleta de restaurantes e butiques sofisticados. Abriga também alguns pubs, e os restaurantes na ponta da praia proporcionam linda vista da baía. O pub Elephant and Wheelbarrow é frequentado por mochileiros do mundo todo que passam pela cidade.

A movimentada Fitzroy Street

Palais Theatre ❾

Mapa F11. Lower Esplanade. Tel 9537 2444. Aberto só para apresentações. Entrada paga. www.palaistheatre.com

Datado de 1927, este belo teatro de domos gêmeos exibe arquitetura barroca, clássica e moura. Não é aberto ao público, a menos que você tenha ingresso para algum dos shows realizados no teatro.

St Kilda Beach ❿

Mapa F10, F11.

Sempre fervilhante em dias de sol, a St Kilda Beach é um ótimo ponto de encontro. As ciclovias ao lado atraem ciclistas, patinadores e gente que gosta de caminhar, mas muitos preferem apenas ficar deitados tomando sol. Está a apenas 20 minutos de bonde do centro da cidade.

Luna Park ⓫

Mapa F11. Lower Esplanade. Aberto 11h-18h dom-qui; 11h-23h sex e sáb. Horários variam no verão, feriados e férias escolares. Entrada grátis. Atrações pagas.

Este parque de diversões de 1912 tem a montanha-russa em atividade há mais tempo no mundo, o Ghost Train. A entrada é grátis, mas as atrações são pagas, e o ambiente é bem familiar. Vale a pena ver o carrossel central, que passou por uma restauração que lhe devolveu o luxo original.

O movimentado Esplanade Arts and Crafts Market

Esplanade Arts and Crafts Market ⓬

Mapa F10. Upper Esplanade. Aberto 10h-17h dom. Grátis.

Todo domingo há quase 200 barracas na Esplanade, entre a Fitzroy Street e o Luna Park. As inúmeras curiosidades artesanais incluem marionetes, velas e cartões de presente dobráveis.

Trilhas para caminhada e bicicletas na beira-mar de St Kilda

O lugar também atrai artistas locais que vendem suas obras originais.

St Kilda Pier ⓭

Mapa F10. St Kilda Rd.

Este píer histórico tem uma vista formidável do horizonte da cidade e é popular para passeios e para pegar o ferryboat de Williamstown. No fim do píer, a réplica de um quiosque vitoriano que passou por um incêndio serve refeições leves e lanches. Há também a possibilidade de ver a pequena colônia de pinguins no quebra-mar dos arredores.

SUGESTÕES

RESTAURANTES

Caffé e Cucina
Mapa H7. 581 Chapel St.
Tel 9827 4139.
Moderado.
Serve fina cozinha italiana.

Circa, the Prince
Mapa F10. 2 Acland St. Tel 9536 1122.
Caro.
Boa comida europeia moderna.

France-Soir
Mapa G7. 11 Toorak Rd.
Tel 9866 8569.
Caro.
Cozinha francesa e uma carta de vinhos premiada.

The Stokehouse
Mapa F11. 30 Jacka Blvd.
Tel 9525 5555.
Caro.
Premiado restaurante com linda vista do mar.

PUBS E BARES

The Esplanade Hotel
Mapa F10. 11 The Esplanade.
Tel 9534 0211.
O icônico "Espy" tem música ao vivo há mais de 120 anos.

Frost Bites
Mapa H7. 426 Chapel St.
Tel 9827 7401.
Tem os famosos frozen cocktails *com álcool.*

Imperial Hotel
Mapa H7. 522 Chapel St.
Tel 9826 5255.
Bar com lareira e ótima comida.

Lotus Bar
Mapa G7. 172 Toorak Rd.
Tel 9827 7833.
Um ponto de badalação.

The Prince of Wales Hotel.
Mapa F10. 2 Acland St.
Tel 9536 1111.
Pub descontraído e alegre.

COMPRAS

Alannah Hill
Mapa H7. 533 Chapel St.
Tel 9826 2755.
Moda feminina australiana.

Chapel St Bazaar
Mapa H8. 217-223 Chapel St.
Tel 9529 1727.
Tem itens de coleção e roupas.

Country Road
Mapa H7. 252 Toorak Rd.
Tel 9824 0133.
Moda para homens, mulheres e crianças.

Instore Clothing
Mapa G11. 145 Acland St.
Tel 9525 5122.
Moda exótica de procedências singulares.

GRANDE MELBOURNE

Há vários passeios interessantes fora da cidade – de pegar um trem a vapor que passa por uma bela floresta tropical a conhecer uma cidade marítima com rica história naval. Próximo à cidade há uma variedade substancial de animais no Melbourne Zoo, os encantos arquitetônicos e artísticos do Heide Museum of Modern Art e as profundas piscinas marítimas das Middle Brighton Baths. Outras opções são visitar a grandiosa mansão vitoriana Rippon Lea, em meio a belos jardins e uma impressionante estufa de samambaias, ou ir ao Werribee Park, que abriga um jardim de rosas e o Open Range Zoo.

PRINCIPAIS ATRAÇÕES

Edifícios Históricos e Museus
Rippon Lea págs. 48-49 1
Werribee Park 6
Heide Museum of Modern Art 7

Jardins, Parques Nacionais e Santuários
William Ricketts Sanctuary 8

Diversão
Melbourne Zoo 2
Scienceworks 3
Middle Brighton Baths 5

Cidades e Regiões
Williamstown 4
Dandenong Ranges e Puffing Billy 9

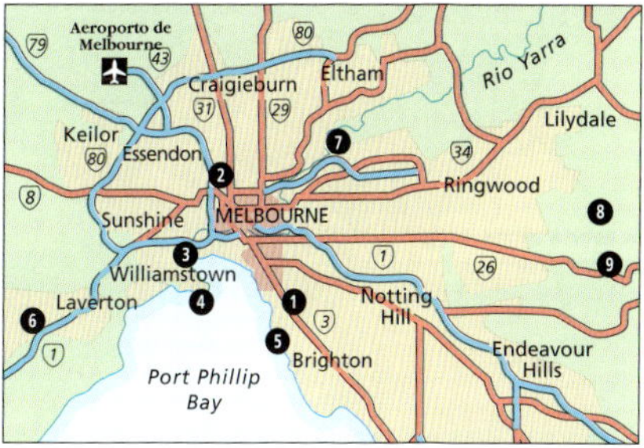

LEGENDA
Aeroporto internacional

0 quilômetros 10

◀ *A Sherbrooke Forest nas Dandenong Ranges de Victoria*

Melbourne Zoo ❷

Elliot Ave, Parkville. Aberto 9h-17h diariam, inclusive no Natal. Entrada paga.

Apenas 4km ao norte da cidade e acessível de bonde, o zoo mais antigo do país abriga mais de 350 espécies de animais expostos em jardins luxuriantes. Andar pela encantadora Butterfly House é uma atração imperdível para adultos e crianças.

Foca australiana no Melbourne Zoo

Scienceworks ❸

Booker St, Spotswood. Aberto 10h-16h30 diariam. Entrada paga para adultos.

As demonstrações ao vivo e mostras interativas deste museu inovador são ótimas para crianças curiosas. Um dos destaques é o High Voltage Theatre, onde uma gigantesca bobina Tesla produz relâmpagos.

Williamstown ❹

Sair de trem da cidade para este belo porto já é um ótimo programa. Área antiga, possui vários edifícios históricos e um interessante passado marítimo. A rua principal é repleta de ótimos restaurantes e cafés com atmosfera convidativa. Um passeio até o Gem Pier para ver Ike, um incrível cão artista, vale a pena.

Mesas em rua de Williamstown

Middle Brighton Baths ❺

The Esplanade, Brighton. Abertas diariam. Entrada paga.

A cinco minutos de St Kilda e a um pulinho das areias da Brighton Beach, este complexo moderno tem as históricas termas marítimas que fazem parte da comunidade litorânea desde 1881. A proteção do edifício com alas facilita mergulhos na profunda piscina de água do mar. Voltada para a baía, a sauna a vapor envidraçada é muito relaxante, e o restaurante ao lado oferece saborosa cozinha australiana moderna.

Werribee Park ❻

Princes Hwy, Werribee. Aberto diariam. Entrada paga.

O Werribee Park é repleto de atrações e atividades. Além de sua mansão homônima, há o Victoria State Rose Garden, com mais de 4.500 belos roseirais de

A fachada italiana da Werribee Park Mansion

diferentes variedades (de novembro a fim de abril), o Victoria's Open Range Zoo e o State Equestrian Centre. O parque também é um ótimo lugar para a observação de aves.

Heide Museum of Modern Art 7

Templestowe Rd, Bulleen. Aberto ter-dom e feriados. Entrada paga.

Esta joia da arquitetura modernista fica em meio a belos jardins e originalmente foi a casa dos mecenas John e Sunday Reed, que ajudaram alguns dos artistas mais famosos da Austrália, incluindo Sidney Nolan, Albert Tucker, Arthur Boyd e Joy Hester. A apenas 15 minutos da cidade, oferece uma programação de exposições de arte e um acervo expressivo de arte moderna.

William Ricketts Sanctuary 8

Mount Dandenong Tourist Rd, Mount Dandenong. Aberto diariam, exceto em ocasiões excepcionais. Entrada paga, crianças de até 10 anos grátis.

William Ricketts era um escultor talentoso e defensor do meio ambiente e dos povos nativos da Austrália. Nestes jardins tranquilos, em meio a samambaias e árvores, há 92 esculturas feitas por ele.

Dandenong Ranges e Puffing Billy 9

Puffing Billy: Tel 9754 0700. Abertos diariam. Faça reservas. Entrada paga.

As espetaculares Dandenong Ranges, a leste de Melbourne, servem de retiro nos fins de semana. Repleta de florestas densas, a área tem estufas de plantas locais e raras, pousadas e salões de chá. O acesso é por estradas montanhosas voltadas para a baía. Um destaque daqui é o Puffing Billy, centenário trem a vapor que anda por um trilho de 24km na montanha, de Belgrave até Gembrook.

O trem a vapor Puffing Billy, nas Dandenong Ranges

ARREDORES

Algumas das experiências mais interessantes em Victoria ficam além de Melbourne. De estradas panorâmicas e zoos em matas a balneários e terrenos auríferos, a costa e o interior de Victoria têm algo de interessante para todos.

PRINCIPAIS ATRAÇÕES

Vinícolas

Yarra Valley págs. 54-5 ❶

Jardins e Santuários

Healesville Sanctuary ❷

Royal Botanic Gardens: Cranbourne ❸

Cidades e Regiões

Mornington Peninsula ❹

Phillip Island ❺

Wilson's Promontory ❻

Great Ocean Road ❼

Sovereign Hill ❽

Spa Country ❾

Bendigo ❿

0 quilômetros 50

LEGENDA

Aeroporto internacional

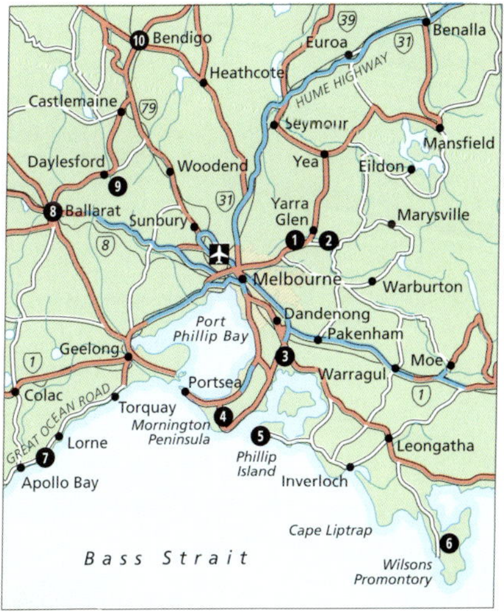

◀ *Os 12 apóstolos, perto da Great Ocean Road*

Vinícolas do Yarra Valley ❶

Na base das Dandenong Ranges, o belo Yarra Valley tem algumas das melhores vinícolas de clima frio da Austrália. Conhecidas por seus Chardonnays e Pinot Noirs, elas abrem diariamente para degustação de vinho e têm restaurantes que servem pratos harmonizados com seus vinhos finos.

A adega da TarraWarra Estate

① Yering Station

Em 2005, a Yering Station entrou para o Australian Hall of Fame como a Melhor Vinícola Turística.

② Roundstone

Esta vinícola pequena e pitoresca tem um ótimo restaurante ao lado do lago.

③ De Bortoli

Em meio a belos jardins, esta vinícola oferece deliciosa cozinha do norte da Itália.

④ TarraWarra Estate

Aprecie a bela vista dos vinhedos no restaurante da vinícola ou conheça o museu de arte ao lado.

⑤ Rochford Wines

O acesso a esta vinícola é por uma estrada ladeada por árvores. Além de vinhos de alta qualidade, abriga um restaurante fino, uma galeria de arte e um complexo de entretenimento.

⑥ Dominique Portet

A marca Dominique Portet é parte importante da revitalização da indústria vinícola de Victoria.

⑦ Domaine Chandon

Mais de 80 mil pessoas por ano vêm apreciar o ótimo vinho oferecido nesta vinícola, que também proporciona uma vista maravilhosa do vale.

Barcos no pitoresco Port Fairy

primeiras indústrias existentes na Austrália.

Sovereign Hill 8

Bradshaw St, Ballarat. Aberta 10h-17h diariam. www.sovereignhill.com.au. Entrada paga.

A corrida do ouro de Ballarat durou de 1851 até os anos 1870. Hoje, Ballarat é a maior cidade no interior de Victoria. Por perto fica a Sovereign Hill, um museu vivo das terras auríferas, com uma reencenação desse período singular na Austrália. Padeiros e merceeiros com trajes de época conduzem seus negócios nas ruas principais, em meio a barracas e tendas de garimpeiros. Há também mostras que reproduzem os métodos de mineração de ouro.

Spa Country 9

Cerca de uma hora a noroeste de Melbourne, o Victoria's Spa Country é pontuado por vinhedos, cidades pequenas, mercados de artesanato e pousadas. No centro da região fica Hepburn Springs, com a maior concentração de fontes minerais da Austrália. O lugar é perfeito para caminhadas e para quem quer "tirar água" em bombas antigas. Há também muitas galerias de arte interessantes dentro da cidade e ao redor dela.

Crianças brincam com água no complexo Hepburn Springs

Bendigo 10

Em 1851, primeiro ano da mineração de ouro nesta cidade histórica, 23kg de ouro foram extraídos em uma única peneirada. Evocando esses tempos afortunados, os edifícios opulentos mesclam vários estilos arquitetônicos. A Bendigo Art Gallery exibe pinturas mostrando a vida nos garimpos. Nos arredores, lojas vendem peças da fábrica de cerâmica mais antiga (1858) da Austrália.

O elaborado Shamrock Hotel, em Bendigo

Como Circular

Melbourne é bem servida pelo transporte público e fácil de circular devido à estrutura quadriculada do centro da cidade e ao traçado plano de seus subúrbios. Dirigir na cidade não é complicado e há uma grande oferta de táxis.

Dirigir em Melbourne

Dirija no lado esquerdo da rua e dê passagem pela direita. Na curva fechada, os carros se enfileiram à esquerda para virar à direita em alguns cruzamentos com placas Hook Turn e Safety Zone, a fim de acomodar os bondes. Carros deixados em zonas "No Standing" podem ser guinchados. O longo pedágio eletrônico é conhecido como City-Link: os motoristas devem pagar antes ou até três dias depois de passarem por ele.

Placa em Melbourne

Ciclismo

A paisagem plana de Melbourne é ótima para andar de bicicleta e há muitas ciclovias. O uso de capacete é obrigatório. A Bicycle Victoria, www.bv.com.au, dá informações sobre aluguel de bicicletas e boas rotas ciclísticas. Pode-se alugar bicicletas abaixo da Federation Square, no rio Yarra.

Táxis

Há pontos de táxi por toda Melbourne, como na Flinders Street Station, onde é possível pegar um a qualquer hora. Quando a luz no topo do táxi está acesa, isso significa que ele está disponível para apanhá-lo na rua. Para facilitar o pagamento, é bom andar com dinheiro trocado.

É possível também pagar o táxi com cartão de crédito ou de débito. Para fazer isso, o táxi deve ser equipado com EFTPOS ou máquinas de cartão de crédito. Em Melbourne você pode reservar um táxi com alguma antecedência ligando para as principais empresas de táxi, cujos telefones seguem abaixo:

- 13 CABS: 13 2227
- Arrow: 13 2211
- Embassy Taxis: 13 1755
- Silver Top Taxis: 13 1008

Bondes

A famosa rede de bondes elétricos de Melbourne cobre 240km e muitas atrações da cidade. As paradas são em ilhas dentro da área central e junto às calçadas nas áreas suburbanas. As passagens podem ser compradas em máquinas que operam com moedas nos bondes. As passagens semanais são vendidas na estação ferroviária e em algumas lojas. A maioria das rotas é servida das 5h até a meia-noite, diariamente.

Flinders Street Station, o principal terminal de trem suburbano

Transporte Público

Metlink é o nome do abrangente sistema de trens, bondes e ônibus de Melbourne. Ele dá acesso a trens nacionais e interestaduais da rede V/Line. A principal estação ferroviária para os subúrbios é a Flinders Street Station, na esquina da Swanston Street. A reformada Southern Cross Station (outrora a Spencer Street Station) é o terminal principal para trens nacionais e interestaduais. O bonde grátis City Circle faz o circuito da cidade a cada 15 minutos. Já o Melbourne Tourist Shuttle é um ônibus grátis para turistas, que passa a cada 15 minutos das 10h às 16h diariamente.

Deficientes Físicos

A maioria das instalações públicas da cidade oferece acesso e banheiros a deficientes. O útil "CBD Mobility Map" é encontrado no Melbourne Information Centre e no novo Mobility Centre, no piso térreo, perto do estacionamento da Federation Square. Há áreas de estacionamento especialmente destinadas a deficientes na cidade e nos subúrbios; as licenças para motoristas deficientes são expedidas na Melbourne Town Hall.

Bilhetes

Os Metcards permitem a troca entre trens, bondes e ônibus. Basta validá-los no início de cada viagem. Na cidade e nos subúrbios, uma passagem de duas horas custa cerca de $3,50. A de um dia dá uso ilimitado nos três veículos o dia todo por cerca de $6,50. Para mais detalhes consulte www.metlinkmelbourne.com.au.

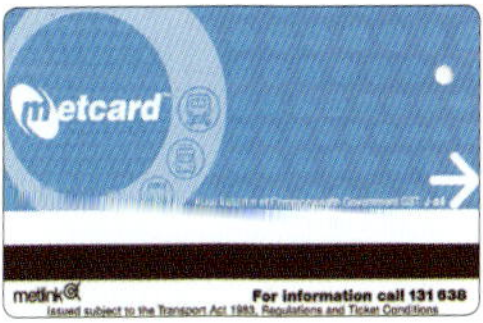

Um Metcard

Mais Informações

Mais informações podem ser obtidas na MetShop na Melbourne Town Hall ou pelo site www.metlinkmelbourne.com.au.

INFORMAÇÃO TURÍSTICA

Melbourne Visitor Centre. Federation Square, Esq Swanston St c/ Flinders St. Tel 9658 9658 www.visitmelbourne.com.au

Manual de Sobrevivência

Melbourne é um destino turístico seguro e apresenta uma taxa de criminalidade baixa. Há ótimos serviços de emergência e uma forte presença policial. O número telefônico 000 aciona a polícia, os bombeiros e ambulâncias. Brasileiros precisam de visto.

DINHEIRO

Moeda
O dólar australiano (A$) é dividido em 100 cents (c). Cents ainda são usados, mas como as moedas de 1c e 2c saíram de circulação, o total a ser pago é arredondado ou reduzido para os 5 cents mais próximos. Mais difíceis de trocar, as cédulas de A$50 e A$100 não devem ser usadas em lojas e cafés menores nem para pagar táxi. Antes de iniciar a corrida, avise o taxista se não tiver dinheiro trocado.

Cartões de Crédito
Todos os cartões de crédito internacionais conhecidos são aceitos na Austrália. Cartões como VISA, MasterCard, Diners Club e American Express podem ser usados para reservar e pagar quartos de hotel, passagens aéreas, locação de carro, passeios e entradas de shows e teatro. Também são aceitos na maioria das lojas e restaurantes.

Caixas Eletrônicos
Há caixas eletrônicos na maioria dos bancos e áreas de comércio e turismo. É possível acessar contas estrangeiras em caixas automáticos por meio de um cartão de crédito.

Casas de Câmbio
As casas de câmbio de Melbourne funcionam de segunda a sábado das 9h-17h30. Algumas também abrem no domingo. As taxas, porém, são mais altas do que as dos bancos.

Caixa eletrônico

EMBAIXADA

Embaixada da Austrália no Brasil SES, quadra 801, lote 7, Brasília, DF, tel 61 3226-3111.
Embaixada do Brasil na Austrália 19 Forster Crescent, Yarralumla, Canberra, tel 02 6273-2372.

COMUNICAÇÃO

Caixas de correio standard e express

Serviço Postal
Agências de correio abrem das 9h às 17h em dias de

semana, e algumas também abrem no sábado de manhã. Muitas oferecem serviços como posta-restante e correio eletrônico. Australia Post: 13 13 18. www.auspost.com.au.

Telefones

A maioria dos telefones públicos aceita moedas e cartões, mas alguns só aceitam cartões telefônicos e cartões de crédito. Cartões telefônicos são vendidos em bancas de jornais e de revistas. O código de área de Melbourne é 03. Para ligações diretas internacionais (IDD) tecle 0011, seguido do código do país, do código de área (sem o 0 inicial) e então o número local. Para consulta local e nacional à lista tecle 12455. Para ligações nacionais e internacionais com auxílio da telefonista tecle 1234 ou 12550.

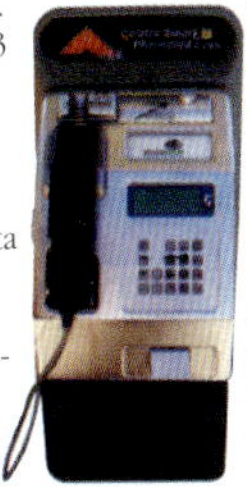

Telefone com moedas e cartões

SAÚDE

Assistência Médica

Os serviços médicos da Austrália estão entre os melhores do mundo. Turistas sem seguro podem se deparar com despesas médicas altas, portanto, faça um seguro-saúde antes de viajar. Disque 000 para ambulância. A maioria dos hospitais públicos tem pronto-socorro. Para tratamentos menos urgentes, porém, as filas podem ser longas. Há centros médicos 24 horas e a hotline Nurse on Call 24 horas: 1300 60 60 24.

Farmácias

Há muitas farmácias (ou chemist shops na acepção australiana) por toda a cidade, funcionando das 9h às 21h. Informe-se no hotel e em hospitais sobre farmácias de plantão fora desse horário. Todas as receitas estrangeiras devem ser endossadas por um médico local.

Dentistas

Para obter orientações sobre o que fazer em emergências odontológicas e uma lista de dentistas apropriados na região, ligue para a Australian Dental Association: 02 9906 4412, ou para o Royal Dental Hospital: 9341 1000.

HOSPITAIS DE MELBOURNE

The Alfred Hospital
Mapa G8. Commercial Road, Prahran. Tel 9076 2000.

St Vincent's Hospital
Mapa E3. 41Victoria Parade, Fitzroy. Tel 9288 2211.

The Royal Victorian Eye and Ear Hospital
Mapa E3. 32 Gisborne Street. Tel 9929 8666.

Royal Dental Hospital of Melbourne
Mapa D2. 720 Swanston Street, Carlton. Tel 9341 1000.

Royal Children's Hospital
Mapa B1. Flemington Road, Parkville. Tel 9345 5522.

Royal Melbourne Hospital
Mapa C2. Grattan Street, Parkville. Tel 9342 7000.

Royal Women's Hospital
Mapa D2. 132 Grattan Street, Carlton. Tel 9344 2000.

Índice

Agradecimentos

A Dorling Kindersley gostaria de agradecer às seguintes pessoas cuja ajuda e assistência contribuíram para a preparação deste livro.

Design e Editorial

Editor Douglas Amrine
Gerência Editorial Kathryn Lane
Gerência de Arte Mabel Chan
Cartografia Casper Morris
Controle de Produção Louise Daly
Pesquisa Iconográfica Ellen Root
Diagramação Natasha Lu
Capa Tessa Bindloss
Conferência de dados Kim Wildman
Assistência Adicional de Design e Editorial Juliet Kenny, Delphine Lawrance, Meredith Smith

Crédito das Fotos

Todo o esforço foi feito para identificar os proprietários dos direitos de publicação e lamentamos qualquer omissão inadvertida. Teremos prazer em acrescentar as emendas necessárias em futuras edições.

a = alto; ae = alto, esquerda; ac = alto, centro; ad = alto, direita; cea = centro, esquerda, alto; ca = centro, alto; cda = centro, direita, alto; ce = centro, esquerda; c = centro; cd = centro, direita; ceb = centro, esquerda, embaixo; cb = centro, embaixo; cdb = centro, direita, embaixo; be = embaixo, esquerda; b = embaixo; bc = embaixo, centro; bd = embaixo, direita.

A Dorling Kindersley agradece a todos abaixo pela permissão de reproduzir suas fotos:
© ARTPLAY: 32ce; CITY OF MELBOURNE: 4c, 11bd; IAN McKENZIE, © FEDERATION SQUARE 11ad; MEDIA EQUATION PTY LTD © BILL BACHMAN – Todos os direitos reservados 32a; IMAGEM CEDIDA PELO METLINK MELBOURNE: 59cd; TOURISM VICTORIA: 4be, 4bd, 6ae, 6cd, 7bd, 8, 10ae, 10be, 18, 20a, 20b, 21ad, 22, 24ae, 25ce, 26ae, 26b, 27cd, 28, 33ce, 34, 36be, 37ae, 37bd, 38ad, 38be, 40, 42be, 42cd, 43ce, 43b, 44b, 44cd, 46, Zoos Victoria/me 50ce, 51ad, 54, 55ae, 55cd, 55be, 56be, 57a, 57bd.

CAPA
Frente – JAMES OSMOND: www.photographersdirect.com
Lombada – GETTY IMAGES: Robert Harding World Imagery/Amanda Hall b.

Todas as outras imagens © DORLING KINDERSLEY
Para mais informações: www.DKimages.com.

Categorias de Preço consideram uma refeição para uma pessoa, com três pratos, meia garrafa de vinho, imposto e serviço.
Barato até A$35
Moderado A$35-A$60
Caro A$60 ou mais

Dados Internacionais de Catalogação na Publicacão (CIP)
(Câmara Brasileira do Livro, SP, Brasil)

Melbourne / Dorling Kindersley ; [traduzido por Thaïs Costa]. – 1. ed. – São Paulo : Publifolha, 2010. – (Guia visual de bolso)

Título original: Melbourne.
ISBN 978-85-7914-116-4

1. Melbourne (Austrália) - Descrição e viagens - Guias I. Dorling Kindersley. II. Série.

09-09096 CDD-919.451047

Índices para catálogo sistemático:
1. Guias de viagem : Melbourne : Austrália 919.451047
2. Melbourne : Austrália : Guias de viagem 919.451047

Frases

Em Emergências

Socorro	**Help**	rrélp
Pare	**Stop**	stóp
Chame um médico	**Call a doctor**	koladóktor
Chame uma ambulância	**Call an ambulance**	kolanémbiulens
Chame a polícia	**Call the police**	kol dê pôlís
Chame os bombeiros	**Call the fire department**	kol dê fáier dipártment
Onde fica o telefone mais próximo?	**Where is the nearest telephone?**	ueriz dê nírest télefoun?
Onde fica o hospital mais próximo?	**Where is the nearest hospital?**	ueriz dê nírest rróspital?

Comunicação Essencial

Sim/Não	**Yes/No**	iés/nôu
Por favor	**Please**	plíz
Obrigado	**Thank you**	fênkiu
Com licença	**Excuse me**	ekskíuzmi
Bom dia	**Good morning**	gud mórnin
Boa noite	**Good night**	gud náit
Até logo	**Goodbye**	gudbái
Ontem	**Yesterday**	iéstêrdei
O quê?	**What?**	uát
Quando?	**When?**	uén
Hoje	**Today**	túdei
Amanhã	**Tomorrow**	tumórou
Aqui	**Here**	rriér
Lá	**There**	dér
O quê?	**What?**	uát
Quando?	**When?**	uén
Por quê?	**Why?**	uái
Onde?	**Where?**	uér

Frases Úteis

Como vai?	**How are you?**	rrauáriu
Muito bem, obrigado.	**Very well, thank you**	véri uél, fênkiu
Prazer em conhecê-lo	**Pleased to meet you**	plízd tu mítiu
Onde está/estão?	**Where is/where are...?**	uériz/ uérár
Como se vai para..?	**Which way to..?**	uítch uei tu
Você fala português?	**Do you speak portuguese?**	du iu spík portiuguíz?
Não entendo	**I don't understand**	ai dount anderzténd
Pode falar mais devagar, por favor?	**Could you speak more slowly, please?**	kúdiu spík môr slôuli plíz?
Desculpe	**I'm sorry**	áim ssóri

Compras

Quanto custa isto?	**How much does this cost?**	rrau mátch daz dês kóst?
Eu gostaria	**I would like...**	ai uôd laik
Vocês têm...?	**Do you have...?**	du iu rrév...?
Vocês aceitam cartões de crédito?	**Do you take credit cards?**	du iu têik krédit kardz?
A que horas vocês abrem?	**What time do you open?**	uotáim du iu ôupén?